AF338671

RESPONCES CATHOLIQVES

AVX QVESTIONS PROPOSEES DANS LE PRETENDV CATECHISME DE LA GRACE.

A PARIS,

Chez FLORENTIN LAMBERT, au
Cloiſtre des Ieſuiſtes, deuant S. Paul,
à l'Image S. Paul.

M. DC. XXXXXX.

Auec Priuilege du Roy.

AV LECTEVR.

IL y a quelques sepmaines qu'il s'est distribué dans Paris vn liuret portant le tiltre de Catechisme de la Grace, sans aucune marque d'vne legitime authorité. La lecture fit connoistre aux personnes cables, qu'on luy auoit donné le nom de catechisme pour les destourner de le lire, & y conuier ceux qui ne pourroient s'apperceuoir de la fausseté de la dotrine qu'il contenoit, & dés lors plusieurs iugerent necessaire d'y apporter promptement le remede. Il estoit tout prest, & auroit esté mis au iour, n'eust esté que Monseigneur l'Archeuesque ayant trouué mauuais ce pretendu Catechisme, & ayant vsé de son pouuoir pour l'étouffer, & en empescher le cours,

on creut qu'il estoit du respect deu à son
authorité d'en demeurer là. Et certes il
n'eût pas esté besoin d'y penser dauantage, si la hardiesse des autheurs de la
nouuelle doctrine, qu'on tâche de respan-
dre auiourd'huy par tout, n'eut passé
iusques à ce point de mespris, que de
faire paroistre, tout de nouueau, ce
precis des erreurs qu'ils pretendent faire
receuoir pour veritez de la Foy, sans autre changement que du tiltre, ayant sub-
stitué au premier celuy-cy, Eclaircisse-
mens sur quelques difficultez touchant la Grace. C'est ce qui m'a obligé, Lecteur, à ne plus differer de vous
donner en verité, ce qu'ils promettent
faussement, en respondant aux questions
proposées dans cet ouurage à deux til-
tres, conformement aux sentimens com-
muns de l'Eglise & des Docteurs. Ce
n'est pas que ie ne iuge bien auec les plus
Sages, qu'il n'estoit pas expediēt de pro-
poser indifferemment à tout le monde l

pluſpart de ces queſtiõs; mais la faute eſt
faite, & il n'y a point à preſent de remede, que d'oppoſer aux reſponſes erronées
les veritables, pour preſeruer de ſurpri-
ſe ceux qui s'en voudront donner de gar-
de. Ie n'ay pas deu omettre celles que i'y
ay trouuées, de peur de me rendre ſuſ-
pect, auſſi a-il eſté neceſſaire en certains
endroits d'en inſerer quelques autres,
pour ne point laiſſer lieu aux dou-
tes qui pourroient naiſtre raiſonnable-
ment dans les Eſprits, à l'occaſion de
quelques propoſitions trompeuſes em-
ployées dans le faux Catechiſme de la
Grace, ſi i'en auois negligé la refuta-
tion. Du reſte, comme ie ne me ſuis pas
propoſé de faire vn liure, mais d'en cor-
riger vn deſia fait, ie n'y ay changé que
ce qu'il a eſté neceſſaire d'y changer,
afin qu'il pût eſtre leu de tout le monde
ſans danger, y laiſſant dans ſes propres
termes, ce que i'y ay trouué de bon, deſ-
gagé d'erreur ou d'illuſion; comme re-

A iij

cognoiſtront aiſément ceux qui l'ont leu,
ou qui voudront conferer les deux en-
ſemble. I'eſpere que les perſonnes zelées
pour la verité m'en ſçauront gré, &
que quelques-vns de ceux qui pourroient auoir eſté ſurpris par la lecture
innocente de la mauuaiſe doctrine qu'on
leur auoit preſentée, trouueront icy aſ-
ſez de clairté pour iuger ſainement de
ce qu'ils ont à croire de la Grace, pourueu qu'ils vueillent ſe laiſſer gouuerner
par elle, & non pas ſe laiſſer emporter
à la curioſité, ny à l'amour deſreglé de
la nouueauté.

RESPONCES CATHOLIQVES AVX QVESTIONS PROPOSÉES DANS le pretendu CATECHISME DE LA GRACE.

CHAPITRE PREMIER.

DE LA GRACE EN GENERAL, DE SON AVTHEVR, & de ses differences.

V'est ce que la Grace? C'est vne illustration, ou vn bon mouuement interieur, qui porte nô-tre volonté vers Dieu, & à l'obeïssan-ce de ses Loix. Que S. Augustin a cô-pris sous le nom d'inspiration de la dilectió, ou du saint amour: si ce n'est qu'il ait voulu parler seulement du mouuement de la parfaite Charité, qui eſt bien la plus excellente, mais non pas la ſeule Grace que nous receuons de Dieu.

2. *Qui eſt l'Autheur de la Grace?*

Côc.de Trenre Seſſ.14 chap. 5

Le S. Eſprit, ſoit habitant deſia dans l'ame iuſte; ſoit deuant que d'y habiter, & auant qu'elle ſoit iuſte, la preparant à la iuſtification.

3. *Toute Grace nous eſt-elle donnée par les merites de Ieſus-Chriſt?*

Ouy. Car le premier homme, s'eſtant rendu par ſon peché, auec toute ſa poſterité, coupable de la damnation eternelle, & indigne de toute grace de Dieu; le Sainct Eſprit n'en a depuis donné, & n'en donnera aucune à pas vn homme, qu'en conſideration du merite de la mort de IESVS-CHRIST, par laquelle il nous a racheté.

4. *En faut-il dire de meſme de la Grace donnée aux Anges, & au premier homme en l'eſtat d'Innocence?*

Non. Car la Foy qui nous enſeigne que IESVS-CHRIST eſt noſtre Sauueur, & non pas des Anges, ny

du premier homme confideré dans
l'eftat d'Innocence, nous oblige auffi
de croire, que nous luy fommes re-
deuables de toutes les graces qui
nous font données pour noftre falut,
& ne nous oblige pas à croire le mefme des Anges, & de l'homme innocent; qui n'ont affeurément rien receu de luy comme Sauueur; fi bien
peut eftre, comme de leur Chef, mefme entant qu'homme; dequoy nous
ne fçauons rien de certain.

5. *En quel eftat donc ont efté
crées les Anges, & le premier homme?*

Ils ont efté crées en eftat de faincteté & de Iuftice; Dieu en mefme
temps formant la nature, & luy
communiquant la Grace.

6. *Pouuoient-ils eftre crées en vn autre eftat?*

Pourquoy non? puifque cét eftat
de faincteté & de Iuftice eftant fur-
naturel, il femble qu'il n'y auoit
point de neceffité d'y efleuer l'homme dés fa creation. Il n'eut pas laiffé
d'eftre dans l'ordre, eftant fans pe-

ché, & en estat de pouuoir tendre à
Dieu, cōme à son centre & à sa derniere fin naturelle, par des aydes cō-
uenables à sa nature qu'il eut receuës
de luy pour cét effect. Et il semble
de plus que les Papes Pie V. & Gregoire X I I I. ont improuué le sentiment contraire, condamnant entre
les propositions de Baïus celle cy,
qui estoit la 55. *Dieu n'eut pas pû
dés le commencement creer l'homme
tel qu'il naist à présent :* & cét autre
qui estoit la 79. *C'est vne fausse Sentence des Docteurs, que le premier homme ait pû estre formé & creé de Dieu
sans la Iustice originelle.* Aprés cela,
puisque neantmoins nous n'auons
pas vne definition bien-expresse de la
Foy sur ce poinct, il nous doit icy
suffire de nous tenir à ce qu'elle nous
enseigne auoir esté fait, laissant aux
plus sçauans la liberté de leurs opi-
nions touchant ce qui auroit pû estre,
tandis que l'Eglise n'en determinera
rien plus expressément.

7. *Qu'elle difference y a-il entre la
Grace qui leur estoit donnée en cét*

estat, & celle qui nous est donnée par les merites de Iesus-Christ?

La Grace qui nous est donnée par les merites de I e s v s - C h r i s t, est vne grace medecinale; & vne aide donnée à la volonté malade, pour combatre & surmonter la Concupiscence, dont le déreglement, causé par le peché du premier homme, & trāsmis auec le péché originel à toute sa posterité, la sollicite puissamment au mal, & luy est vn obstacle au bien, insurmontable autrement que par la Grace. Or la Grace de l'estat d'Innocence, n'estoit pas donnée en cette qualité, parce qu'elle trouuoit la volonté saine, & point de concupiscence à combattre.

8. *La Grace n'estoit-elle donc pas necessaire en cet estat?*

Si estoit; mais non pas comme vne medecine à vn malade, ou à raison d'aucune resistance de la partie inferieure de l'ame, contre la superieure, ainsi qu'à present: mais pour le moins à raison que les moyens du salut estāt surnaturels, comme le salut mesme

qui eſt leur fin, ils eſtoient neceſſairement par deſſus les forces naturelles
de la volonté de l'homme : ce qui
n'eſt pas la ſeule raiſon du beſoin que
nous en auons à preſent, la Grace
nous eſtant de plus neceſſaire, pour
affranchir la volonté de la ſeruitude
de la concupiſcence, & la remettre
en ſa liberté pour pouuoir la vaincre,
en éuitant le mal, & faiſant le bien.
D'où il eſt manifeſte, qu'en l'eſtat preſent nous auons beſoin d'vne Grace
plus puiſſante, qu'en l'eſtat d'Innocence.

9 *Puiſque la Grace eſtoit neceſſaire
à l'Ange & à l'homme innocent, en
cas que Dieu ne la leur eut pas donnée, leur cheute n'auroit donc pas eſté
criminelle?*

Non ſans doute ; ſi elle leur eſtoit
abſolument neceſſaire pour l'euiter :
Car perſonne n'eſt criminel, ny pour
faire le mal qu'il ne peut pas éuiter,
ny pour ne pas faire le bien qu'il ne
peut pas faire. Or nous preſuppo-
ſons que ſans la Grace, ny l'Ange, ny
l'homme, n'euſſent pû abſolument

éuiter

éuiter cette cheute. Sans entrer dans les diuers sentimens des Theologiens touchant cette supposition, ny vouloir definir, si toute aide necessaire pour ne pas mal faire, doit estre comprise sous le nom de Grace.

10. *En pourroit-on dire de mesme d'vn homme auquel Dieu à present ne donneroit pas la Grace, sans laquelle il ne peut obeïr à ses Commandemens ?*

C'est tout de mesme, demeurant dans la mesme supposition. Il ne pecheroit pas: Car quoy que le manquement de Grace fust vne peine du peché originel, toutefois à cause que cét homme manqueroit de liberté pour obeïr, & seroit veritablement dans l'impuissance de le faire; l'obeyssance luy estant impossible, le defaut n'en seroit point criminel; encore qu'il fut reduit en cét estat par sa faute, ou pour mieux dire par la faute du premier homme. Tout de mesme, & à plus forte raison, que celuy qui par sa faute est deuenu insoluable, ne peche plus en ne payant pas

cé qu'il doit, tandis qu'il eſt en cét
eſtat ; & ne peut eſtre puny par la
Iuſtice, parce qu'il ne paye pas lors,
comme pour vne nouuelle faute, mais
ſeulement pour celle qu'il a commi-
ſe, ou qu'on preſume qu'il a commi-
ſe, en ſe rendant inſoluable.

11. *Dieu eſtoit-il obligé de donner la*
Grace dans l'eſtat d'Innocence, ne
pouuant lors la refuſer en punition
d'aucun peché, puis qu'il n'y en auoit
point ?

Puiſque deſia nous auõs dit, que la
Foy ne nous determine pas, ſi l'hõme
a pû eſtre creé en vn autre eſtat que
celuy de la ſainĉteté & iuſtice; il n'y a
rien à dire à cette queſtion, ſinon que
n'ayant eſté creé en cét eſtat, que
pour y meriter la fin ſurnaturelle de
la parfaite poſſeſſion & iouyſſance
de Dieu, & ne la pouuant meriter
ſans la Grace ; Dieu, à moins que de
changer de deſſein ſans ſujet (qui ſeroit vn defaut duquel il n'eſt pas capable) ne pouuoit qu'il ne luy don-
naſt la Grace. Il eſtoit donc obligé à
la dõner, non par le merite de l'hom-

me, mais par la mesme bonté, qui l'a-
uoit porté à le vouloir creer pour
vne si noble fin.

CHAPITRE II.

DE LA GRACE DE
IESVS-CHRIST.

12. *QV'est-ce que la Grace de
Iesus-Christ ?*

C'est cette illustration ou bon
mouuement dont nous auons parlé
au Chapitre precedent, entant qu'-
ils sont l'effect & le fruit des Merites de IESVS-CHRIST, parce
qu'ils nous sont donnez en leur con-
sideration.

13. *Est-ce le propre de cette Grace de
nous faire accomplir la Loy , c'est à
dire, les Commandemens de Dieu ?*

Ouy. Car dans l'infirmité, voire
l'impuissance, au moins morale, où
nous sommes , & les obstacles que la
Concupiscence y apporte , il faut
qu'elle preuienne , excite & assiste

noftre volonté, afin que nous les ac-
compliffions.

14. *Cette Grace eft elle toufiours efficace ?*

Non. Car elle ne produit pas toufiours l'effect, que le fainct Efprit pre-
tend produire par elle, la volonté ne
fe laiffant pas toufiours aller à fon
mouuement.

15. *On peut donc refifter à la Grace ?*

On le peut, fi on le veut, & le vouloir eft toufiours au pouuoir de la volonté libre ; laquelle en effect refifte
fouuent, quoy que non pas toufiours
fi opiniaftrement, qu'enfin la Grace
ne deuienne victorieufe, la mefme volonté fe laiffant à la fin gaigner, lors
mefme qu'elle pourroit, auffi bien
que deuant, continuer dans la refi-
ftance.

16. *Cette Grace ne nous conuertit
donc pas toufiours ?*

Non. Ce n'eft pas qu'elle ne foit
affez puiffante pour le faire, & qu'elle ne foit donnée de Dieu pour cela,
mais c'eft que quelque puiffante

qu'elle foit , la volonté demeure toufiours libre pour luy donner, ou pour luy refuser fon confentement, fans lequel il n'y a point de vraye conuerfion.

17. *Quand eft-ce donc que la Grace nous conuertit?*

Quand elle gaigne le confentement de la volonté, & la rend victorieufe de la Concupifcence, & luy fait preferer le Createur à la creature, par la preference de l'amour de Dieu, & de l'obeïffance à fes Commãdemens, à l'amour, & à la iouïffance de tous les biens du monde; & par la haine du peché plus que de tout autre mal.

18. *N'eft-ce pas mal parler de dire, que la Grace nous fait obeyr aux Commandemens de Dieu, Vouloir le bien, Vaincre la Concupifcence, & qu'elle nous conuertit? Ne faut il pas dire feulement qu'elle nous en donne le pouuoir, puifqu'en verité fouuent elle en demeure-là, & ne nous le fait pas faire?*

Non. Parce qu'en difant qu'elle nous fait faire, ou qu'elle fait en nous

ces chofes , nous exprimons mieux
& la neceſſité que nous auons d'elle,
& le mouuement qu'elle donne à noſtre volonté , par lequel elle la fait
agir, comme cauſe, non pas aſſiſtan-
te ſeulement , ou concurrente telle-
ment quellement à ſon action, mais
comme cauſe mouuante & principale. Et nous ne diſons pas pourtant
qu'elle le faſſe ny neceſſairement, ny
toufiours, en oſtant à la volonté la liberté d'y refiſter, de laquelle elle n'v-
ſe que trop ſouuent. Non plus que
qui dit, que la lumiere nous fait voir
les obiects qu'elle eſclaire, ne dit pas
pourtant qu'elle nous les faſſe voir
neceſſairement & toufiours, comme
s'il ne nous eſtoit pas libre de ne les
pas voir , en fermant ou deſtournant
les yeux.

C'eſt vn vſage ordinaire auſſi bien
aux ſçauans qu'aux ignorans, d'ex-
primer la vertu des cauſes par leurs
operations. Le Philoſophe dit, que
l'Ame eſt celle, qui nous fait exer-
cer les actions de la vie vegetante, le
ſentiment, le mouuement, & l'intel-

igence : Il ne veut pas dire qu'elle se fait toufiours. Le Medecin dit, que la feignée esteint la fiévre, & parle de mesme des autres remedes que la medecine employe: Et personne ne le reprend ; quoy qu'il soit tres-constant, qu'ils ne font pas toufiours ce qu'il leur attribuë, trouuant fouuent des obstacles qui empeschent l'action de leur vertu.

19. *La Concupiscence peut-elle estre entierement destruite en cette vie?*

Non. Nous pouuons bien par la force de la Grace l'affoiblir, mais non pas l'aneantir. Et cét affoibliffement est vn effect ordinaire de nostre aduancement dans la Pieté, & de l'accroiffement de la Charité, laquelle s'establit sur les ruines de l'amour propre, qui est souftenu & fomenté par la Concupiscence ; d'où vient qu'encore qu'en cette vie nous ne nous defaifions pas tout à fait de l'vn ny de l'autre ; la Charité neantmoins ne laiffe pas de regner en nous, quoy que non pas en pleine & parfaite paix, comme elle fera dedans le Ciel, où il ne restera rien du vieil homme, qui luy fasse de la resistance.

20. *La Victoire que la Grace emporte sur la volonté, ne blesse-elle point sa liberté?*

Non. Car elle la sollicite doucement, & la gaigne, de sorte qu'elle la fait agir selon sa nature librement, c'est à dire, sans luy apporter de necessité.

21. *Qu'appellez-vous necessité? Est-ce le mesme que violence ou contrainte?*

Non, ce n'est pas le mesme. La volonté ne peut absolument parlant, estre violentée ny contrainte, parce que la violence & la contrainte n'est qu'és choses que nous souffrons de quelque cause externe malgré nous, & contre nostre volonté. Mais elle peut bien agir par necessité, estant preuenuë de quelque principe interne, ou de quelque condition, qui ne depende pas d'elle, & qui ait tant de force, que de luy faire agreer & vou-

loir quelque obiect, sans qu'elle s'en
puisse empescher.

Ainsi les Bien-heureux aiment
Dieu par vne tres-aduantageuse necessité, à raison de la claire veuë
qu'ils ont de son Essence & in-
finie bonté, qu'il n'est non plus en
leur pouuoir de ne pas aimer en la
voyant, que de ne la pas voir. Ainsi
encore il nous eschappe souuent,
de vouloir beaucoup de choses necessairement, par des mouuemens
subits de nostre volonté, surprise
à la premiere proposition que l'en-
tendement luy en fait, iusques à ce
que la chose plus exactement consi-
derée, elle se trouue en liberté
& les vouloir ou ne les pas vouloir,
& desaduouë souuent ce qu'elle a
fait dans la surprise.

22. *Quoy les Bien-heureux n'ai-*
ment donc pas Dieu auec liberté?

Non. Parce qu'ils l'aiment auec
necessité, quoy que sans aucune contrainte, mais tres-volontiers, n'y
aiant rien de si doux & de si propre à
la volonté, que l'amour du souue-

rain bien clairement cogneu comme il est en foy; lequel elle aime ne- cessairement, parce que trouuant en luy seul tout ce qu'elle sçauroit sou- haitter, il n'y a rien qui l'en puisse rebuter, comme il y a tousiours quel- que chose dans les autres biens, qui sont necessairement defectueux, dés là qu'ils sont finis, ce qui fait qu'elle ne s'y attache pas necessai- rement.

23. *Mais les Bien-heureux ne sont- ils pas en liberté, voire plus grande que n'est la nostre, dés-là qu'ils sont deliurez de la Concupiscence, laquelle diminuë la nostre, & tient nostre vo- lonté captiue, au moins en l'absence de la Grace?*

Ouy, on peut dire en bon sens, qu'ils sont plus en liberté que nous de ce costé-là : mais il le faut bien en- tendre. Il y a deux sortes de liberté: l'vne est opposée à la captiuité, ou à la seruitude; l'autre à la necessité. Les Bien-heureux sont parfaitement li- bres, & sans doute plus que nous, de la premiere liberté, parce que nous ne

sõmes pas entierement dégagés de la
tyrãnie de noftre Cõcupifcence, qui
nous fait fouffrir beaucoup de chofes malgré nous , & s'efforce toûjours de regner en nous & fur noftre
volonté. Mais ils n'ont pas comme
nous, la feconde liberté à l'égard de
l'amour de Dieu, qui faict que
nous meritons en l'aimant, ce qu'ils
ne font pas. Or leur amour neceffaire faict partie de la recompenfe de
l'amour libre qu'ils ont eu pour luy
en cette vie; & leur condition, non-
obftant qu'ils ne meritent plus, eft
d'ailleurs abfolument meilleure que
la noftre.

CHAPITRE III.

DE LA LOY.

24. **L**A Loy eft-ce *vne Grace ca-*
pable de nous conuertir?
Non. Car au plus elle frappe les
fens, & de là paffe dans l'efprit, luy

portant la cognoissance des volontez de Dieu, mais elle ne touche pas
le cœur : Non plus que le bel ordre
de l'Vniuers, qui nous inuite à recō-
noistre son autheur , ny mesme la
Predication des Commandemens de
Dieu , qui peuuent estre appellées
graces exterieures, mais ne suffisent
pas sans l interieure, laquelle Dieu
verse dedans la volonté, quand il luy
plaist les rendre vtiles à l'homme
pour son salut.

*25. Comment appellez-vous la loy
que nostre Seigneur est venu apporter
au monde ?*

On luy donne principalement
deux noms. Loy nouuelle & loy de
Grace.

*26. Pourquoy l'appellez-vous Loy
nouuelle ?*

Pour la distinguer de la loy ancienne apportée long temps auparauant
aux Israëlites par l'entremise du ser-
uiteur de Dieu appellé Moyse. On
peut dire aussi qu'elle est bien nom-
mée nouuelle, parce qu'elle contient
la Grace, dont le propre est de nous

renouueller en la Iustice & la sain-
cteté que nous auons perduë.

27. *Pourquoy l'appellez-vous Loy de
Grace ?*

Parce qu'elle contient la Grace dás
les merites de son Autheur I e s v s-
C h r i s t, que l'ancienne promet-
toit, & prophetisoit par ses figures.

Adioustez qu'elle la donne effectiuement par ses Sacremens à ceux qui
les reçoiuent dignement, en quoy
ils sont sans comparaison plus excel-
lens que les Sacremens de la Loy
ancienne, qui n'auoient pas cette
vertu.

28. *Quelles sont les principales dif-
ferences entre la Loy ancienne & la
nouuelle ?*

A raison de ce que nous venons de
dire ; il y a en verité autant de difference entre la loy ancienne & la
nouuelle, qu'il y a de difference entre
vn corps qui n'est pas animé, & vn
corps vny à son ame ; qu'il y a de difference entre les ombres & la lumiere, entre les nuages & le Soleil, entre celuy qui promet & celuy qui

donne ; l'ancienne loy n'estant que le corps dont la nouuelle a l'Esprit, n'estât que les ombres que la lumiere de l'Euangile deuoit dissiper, n'estant qu'vn nuage qui nous couuroit IESVS-CHRIST, qui est venu donner à tout le monde, la Grace & les moyens de salut, que les Iuifs croyoient communemét n'estre promis qu'à eux par la Loy, qu'ils entendoient mal.

29. *L'ancienne Loy ne donnoit - elle aucune Grace capable de sanctifier l'ame ?*

Non, Cette Loy n'en donnoit point. Toutefois Dieu en donnoit à tous ceux qui estoient obligez de la garder, non en vertu de cette Loy, mais en vertu des merites de IESVS-CHRIST, auquel il estoit necessaire qu'ils creussent pour estre sanctifiez. Car la Foy en IESVS-CHRIST, a tousiours esté necessaire à salut, depuis la cheute du premier homme, & tous les Iustes qui ont precedé sa venuë l'ont regardé à venir, comme nous le regardons

desia venu; & esperant de luy leur
redemption, ils en receuoient des-
lors l'effect. De sorte qu'on pourroit
dire qu'ayant eu la Foy en IESVS-
CHRIST commune auec nous, ils
eussent pû raisonnablement porter
le nom de Chrestiens, qui a esté en
vsage depuis, & que nous portons
à present.

30. *Quelle difference y a-il entre l'Es-*
prit de l'ancienne Loy & l'Esprit de
la Nouuelle?

L'Esprit de la Loy, soit ancienne,
soit nouuelle, n'estant autre, à proprement parler, que le Principe interieur qui la faict obseruer, & ce
Principe ne pouuant estre autre que
la Grace; puisque la Loy ancienne
ne contenoit point la Grace en soy,
& qu'il estoit necessaire pour la garder de receuoir la Grace de IESVS-
CHRIST, il faut dire par conse.
quent, que consideree sans la Grace de IESVS-CHRIST,
elle estoit vn corps sans esprit; là
où consideree auec cette grace, son
esprit n'estoit point different en

substance de l'esprit de la Loy nouuelle : quoy qu'il faille aduoüer,
que comme elle n'en contenoit pas
la source, laquelle la nouuelle contient en la personne du mesme IE-
SVS-CHRIST son autheur &
legislateur, & que par cette raison il
n'estoit pas proprement l'esprit de
cette Loy là, mais l'esprit de la Loy
nouuelle, qui estoit communiqué cōme par aduance à ses subiets ; aussi
ne leur a-il pas esté communiqué
auec pareille abondance, pureté &
perfection qu'il a esté du depuis en
la Loy nouuelle: d'où est arriué que
la pluspart viuoient sous cette Loy
comme des esclaues, ne la gardant
que selon l'escorce & à l'exterieur,
par esprit de la crainte seruile des
chastimens dont ses infracteurs é-
toient menacés ; quelques - vns par
des motifs bons à la verité, & suffisans pour les exempter de peché;
mais non pas toutefois, hors - mis
fort péu, auec vn esprit de pur a-
mour libre de toute crainte seruile, tel qu'il s'est trouué du de-

puis, & eſt encor' à preſent, en vn
tres - grand nombre de Sainéts
de la Loy nouuelle. Au reſte il ſe
faut bien garder de croire que comme cet eſprit d'amour eſt l'eſprit de
la Loy nouuelle, l'eſprit de ſeruitude
& d'eſclauage qui luy eſt oppoſé,
fut l'eſprit de la Loy ancienne. Ce
ſeroit attribuer à la Loy le mauuais
eſprit de ſes mauuais ſubjets, lequel
ſe trouue encor aujourd'huy en plu-
ſieurs des ſubjets de la Loy nouuelle, & n'eſt pas pourtant ſon eſprit.

31. *La Loy ancienne eſtoit - ce vne*
bonne Loy?

Elle eſtoit bonne ſans doute, ayāt
Dieu pour autheur, qui ne peut
eſtre autheur du mal ; & ne com-
mandant rien que de bon. Auſſi ne
peut-on pas conclure auec plus de
raiſon qu'elle ait eſté mauuaiſe,
de ce que les Iuifs en ont pris occa-
ſiō de pecher en la tranſgreſſant, que
dire le meſme de la nouuelle, à raiſon des pechez par leſquels les Chre-
ſtiens la tranſgreſſent tous les iours.

Car. de
la Gra-
ce ch,
3. nu;
16.

C iij

Sauf toufiours cette difference que la nouuelle fournit de foy la Grace pour fon obferuation, & l'autre la receuoit par neceffité de la nouuelle, ne la contenant pas en foy.

32. *Peut on apporter quelque autre difference entre ces deux Loix fufdites?*

Oüy, la prenant du cofté de la difficulté de l'ancienne & de la douceur & facilité de la nouuelle; difference prouenante de ce que l'ancienne outre les preceptes Moraux contenus dans le Decalogue, qui nous obligent encor' à prefent, auoit vne tres-grande quantité d'autres preceptes & ceremonies, qui ont ceffé d'obliger depuis quell' eft abolie, ny en ayant que fort peu en la Loy nouuelle pour l'vfage des Sacreméns : joint que, comme il a defia efté dit, l'abondance de Grace n'eftoit pas en la Loy ancienne à l'égal de celle qui eft en la nouuelle.

33. *Quelle raifon a eu Dieu de donner cette Loy auant la Loy de Grace?*

Il a eu deffein de faire connoiftre

aux hommes leur foiblesse causée
par le desordre de leur concupiscence, pour confondre leur orgueil par
l'experience de la difficulté qu'ils
rencontroient à y obeïr ; & les obliger à reconnoistre le besoin qu'ils
auoient de sa grace , & en suitte à
auoir recours à luy pour obtenir le
Liberateur qu'il leur faisoit esperer.
A quoy leurs propres cheutes , &
frequentes transgressions de la Loy,
arriuées contre son intention, par
le mauuais vsage de leur liberté,
quoy qu'assistée de secours suffisans
de sa part, n'ont pas peu contribué,
sa bonté leur fournissant en cett' occasion des graces pour s'humilier,
desirer & demander plus ardem-
ment ce Medecin & Redempteur
promis, pour en estre deliurez, estre
establis en grace à sa faueur, & for-
tifiez par des aides plus puissantes
pour s'y conseruer.

4. Comment s'accorde cette dou-
ceur plus grande de la Loy de Grace
que de l'ancienne, auec ce que nostre
Seigneur a dit, qu'il faut emporter le

Royaume des Cieux par violence, & que la voye qui conduit à la Vie est estroitte?

Fort bien. La voye à la vie est estroitte à la verité, estant resserrée dans l'obseruance des Commande-mens de Dieu, & à l'escart des voyes larges & spacieuses des plaisirs & des vices, par lesquelles les mondains vont à foule & à leur aise à la perdition. Il faut vser de violence sur soy-mesme, pour gaigner le Royaume des Cieux, par la mortification continuelle des passions de la concupiscence; ce que nostre Seigneur appelle, Abnegation de soy-mesme; & porter sa Croix, pour le suiure par la voye estroitte de la souffrance qu'il nous a frayée. Mais la Loy qui nous commande cela est douce neantmoins, parce-que elle nous donne l'esprit d'amour & de Grace que Iesvs-Christ répand dedans nos cœurs auec telle abondance, qu'il nous le fait faire auec douceur & contentement.

CHAPITRE IV.

DE LA NECESSITE'ET
DES EFFECTS DE LA GRACE.

5. *LA Grace de* IESVS CHRIST *est-elle necessaire pour croire?*
Oüy. Car comme dit S. Paul, nous ne sommes pas suffisans de nous mesmes d'auoir vne bône pensée. Or il n'y a point de Foy sans quelque bonne pensée. Il dit encor que la Grace nous sauue par la Foy, & que cela ne vient point de nous, car c'est vn don de Dieu. Et c'est vn des principaux points de l'heresie Pelagienne que d'asseurer, qu'on peut croire par les forces de la liberté, sans le secours de la Grace de IESVS-CHRIST. Car il est évident par l'authorité des sainctes Escritures, qu'il faut que Dieu nous ouure le cœur, qu'il prepare nostre volonté, en vn mot qu'il nous fasse croire.

6. *Cette Grace necessaire pour croi-*

re eſt-elle donnée à tous les hommes qui en ſont capables ayant l'vſage de la raiſon.

Si on peut dire que le mot de croire comprend generalement toute cognoiſſance de Dieu, qui peut eſtre vtile pour le ſalut, il n'y a point de difficulté de dire auſſi, que Dieu donne à tous la Grace pour croire, n'y ayant perſonne qui ne l'ait ſuffiſante pour le cognoiſtre, au moins comme Createur & gouuerneur du monde. Mais s'il eſt queſtion de la Grace prochainement neceſſaire pour croire en Dieu comme Redempteur de l'homme perdu par le peché ; laquelle nous appellons proprement la Vocation à la Foy, entendant la Foy qui nous fait cognoiſtre IESVS-CHRIST, & eſt le fondement de noſtre eſperance en luy comme Sauueur, il eſt tres-certain que tous n'ont pas cette grace. Cette Foy, côme l'enſeigne S. Paul, preſuppoſe la Predication de la parolle de Dieu, qui n'agit en nous que par l'ouye ; or eſt-il que quan-

tité de perſonnes, n'entendent iamais en leur vie parler de I e s v s-
Christ, & par conſequent n'ont
pas la Grace, prochainement neceſſaire pour croire en luy.

37. *Eſt-il donc vray que quelques-*
vns ne peuuent ſe ſauuer, faute de la
Grace neceſſaire pour croire en I e s v s-
Christ?

Non, abſolument parlant, parce
que ceux qui ne l'ont pas, la peuuent
auoir, & c'eſt par leur faute qu'ils
en ſont priuez, à raiſon de la reſi-
ſtance qu'ils apportent à la Grace
qui leur eſt donnée ſuffiſante pour
ne point pecher contre la lumiere &
la Loy de la nature ; de laquelle s'ils
faiſoient bon vſage; outre que la lumiere naturelle de la raiſon aidée de
la Grace leur deſcouuriroit vn Dieu
Autheur de toutes choſes, ils ne ſe
rendroient pas indignes de la Vocation à la Foy de I e s v s-Christ,
& infailliblement elle leur ſeroit
donnée.

38. *La Grace de I e s v s-Christ*
eſt elle neceſſaire pour prier?

Oüy. Car comme dit S. Paul, c'eſt l'eſprit qui prie en nous & pour nous. C'eſt à dire, qui nous faict prier.

39. *Cette Grace pour prier eſt-elle donnée à tous les hommes ?*

Il faut dire icy le meſme à proportion, qu'il a eſté dit de la Grace neceſſaire pour croire. Car la priere preſuppoſe la cognoiſſance de Dieu auquel elle s'adreſſe : Il y a dõc deux ſortes de priere, comme deux ſortes de cognoiſſance ; l'vne qui ne regarde Dieu que comme Createur & gouuerneur du monde, qui neantmoins ne laiſſe pas de pouuoir eſtre vtile au ſalut par la vertu de la Grace; l'autre qui le conſidere comme Redempteur de l'homme. Pour la premiere, la Grace eſt offerte à tous; pour la ſeconde, nenny : Il eſt vray cependant qu'elle ne manque à aucun capable de la receuoir par l'vſage de la raiſon, qu'en punition des pechez qu'il a pû ne pas commettre aidé de la Grace qu'il a receuë pour cela, leſquels s'il n'auoit pas commis

mis, infailliblement elle ne luy manqueroit pas.

40. *La Grace de Iesus-Christ est-
elle necessaire pour bien faire quelque
action ?*

Oüy, parlant des actions vtiles au
salut eternel. Car IESVS-CHRIST
a dit absolument. Sans moy (c'est à
dire, sans la preuention & l'assistance de ma grace) vous ne pouuez rien
faire : (c'est à sçauoir pour vostre
salut.)

41. *Cette Grace est-elle necessaire pour
surmonter les tentations ?*

Oüy, au moins pour les surmonter par des actions de vertu, vtiles au
salut; car personne n'ayant de soy
que le peché & le mensonge, l'homme peut bien s'abstenir d'vn peché
par vn autre peché, d'vne volupté
par exemple, par ambition ; mais il
ne pourra iamais surmonter le peché
par la verité & par la Iustice; n'aiant
en soy-mesme que ce qui leur est op-
posé. Et il est necessaire, dit le Pape
Innocent, que puisque c'est Dieu qui
vous rend victorieux par le secours

D

qu'il nous donne, nous soyons vaincus quand il retire ce secours.

42. *Les Iustes ont-ils tousiours les secours necessaires pour surmonter toutes les tentations ?*

Ouy, & dire le contraire est heresie. Car Sainct Paul dit, que Dieu est fidele, & qu'il ne permettra point que nous soyons tentez par dessus nostre pouuoir, il nous donne donc le pouuoir de resister quand il permet la tentation. Le Concile de Trente enseigne cecy parlant des Iustes, & disant, Que Dieu n'en delaisse pas vn qui ne l'ait premierement delaissé. &, Qu'ils doiuent tous auoir vne tres-ferme esperance en son assistance, parce que comme il a commencé le bon œuure, de mesme il l'acheuera, operant & la volonté & l'accomplissement, si eux ne manquent à sa Grace. Or ils n'y manquent pas, s'il ne la leur donne pas, mais c'est elle qui leur manque. Mais ce que le mesme Concile dit. Que Dieu ne commande rien d'impossible, semble prouuer le mesme non seulement pour les

Iustes, mais aussi pour les pecheurs ; Car Dieu commande à tous de resi-ster aux tentations, ce qui est impos-sible sans les secours necessaires, il faut donc qu'il donne à tous ces se-cours, ou autrement ce qu'il com-mande est impossible.

43. *Tous ceux qui ne croyent pas, ou qui ne prient pas, ou qui omettent quelque bonne action, ou enfin qui sont vaincus par la tentation, man-quent-ils de la Grace necessaire pour cela ?*

Non. Car plusieurs resistent à la Grace. Comme Sainct Estienne re-prochoit aux Iuifs, qu'ils auoient tousiours resisté au Sainct Esprit ; & les Escritures Sainctes sont pleines de semblables reproches.

44. *La Grace de Iesus-Christ est elle necessaire pour perseuerer ?*

Ouy. Puisque, comme dit le Con-cile de Trente, apres IESVS-CHRIST Personne ne se sauue, s'il ne perseue-re iusques à la fin, ce que l'on ne peut auoir, dit ce mesme Concile, que de celuy qui est puissant pour affermir

le Iuste, & luy donner les forces de
subsister dans la Iustice qu'il a receuë.

45. *Cette Grace necessaire pour perseuerer est-elle donnée à tous les Iustes?*

Ouy. Car le Iuste pour perseuerer n'a qu'à conseruer la Grace sanctifiante qui le fait Iuste, laquelle il
ne peut perdre que par le peché mortel; Or il a toûjours dans la tentation
& l'occasion du peché mortel, la
Grace necessaire pour ne le pas commettre; Il a donc par mesme moyen
le secours necessaire pour conseruer
la Grace sanctifiante, & par consequent pour perseuerer.

46. *Cette Grace est donc generale &*
commune à tous les Iustes?

Ouy. Puisqu'elle ne manque à aucun d'eux.

47. *Comment donc s'entend l'Ana-*
theme que le Concile de Trente pronon-
ce contre celuy qui dira, que le Iustifié
peut perseuerer dans la Iustice qu'il a
receuë sans vn secours special de Dieu.

Car.de *Vn secours special, n'est ny general, ny*

Le vray sens est, qu'il ne suffit pas à l'homme d'auoir receu de Dieu la Grace de la Iustification, comme si l'ayant receuë il pouuoit, sans vne nouuelle Grace, differente de celle-là, perseuerer dans la Iustice & se sauuer: Qui estoit l'erreur de Pelagius, lequel ne reconnoissoit point d'autre grace necessaire à l'homme pour le salut, que la Loy & la Remission des pechez. Donc cette Grace, sans laquelle le Concile dit, que personne ne peut perseuerer, s'appelle speciale, par opposition & distinction d'auec la Grace de la Iustification; non pas par restriction à certaines personnes, côme si elle n'estoit pas commune à tous les Iustes, mais propre de ceux qui perseuerent effectiuement.

Ce n'est pas qu'on ne puisse, en vn autre sens, appeller speciale, & mesme necessaire, la Grace propre de ceux qui perseuerent en effect: mais l'explication n'en est pas necessaire.

D iij

faire en ce lieu, & ne pourroit estre entenduë que de peu de personnes, sans vn long discours: la question suiuante en fera l'ouuerture à ceux qui en sont capables, en peu de mots.

48. *Tous les Iustes sont-ils donc asseurez du don de perseuerance?*

Non. Personne, dit le Concile de Trente, n'en peut estre asseuré que par vne reuelation speciale. C'est que par le don de perseuerance on n'entend pas la Grace simplement necessaire & suffisante pour perseuerer; mais celle-là seule qui est efficace, c'est à dire auec laquelle, celuy qui la reçoit perseuere effectiuement, qui ne luy eschet pas par hazard, mais par vne faueur particuliere de Dieu, qui la choisit en veuë du bon vsage qu'il en fera, s'il la luy donne. Or il n'y a que les Predestinez qui soient traittés de la sorte, du nóbre desquels personne ne se peut asseurer d'estre, sans reuelation particuliere de Dieu, ny par consequent se tenir asseuré du don de perseuerance.

49. *Les Iustes qui ne perseuerent pas sont-ils veritablement iustifiez?*

Ouy. Car plusieurs sont veritablement iustifiez par le Baptesme, & par les autres Sacremens, qui leur conferent vne veritable Iustice, qu'ils perdent en suite par leurs crimes, & ne s'en releuant pas par vne veritable penitence, meurent enfin miserablement en leurs pechez.

CHAPITRE V.

RESPONSE A QVELQVES DOVTES RAISONNABLES touchant la Doctrine du Catechisme de la Grace.

50. LA Doctrine contraire à celle-cy, semble-elle pas conduire les hommes au desespoir de leur salut? Au desespoir absolument, il semble que non. Car elle laisse lieu à chacun de penser, que peut-estre la Grace ne luy manquera pas, mais outre que ce, peut-estre, est fort in-

certain, & laiſſe bien du ſubiect de
deſeſpoir, particulierement aux pecheurs, puiſqu il priue meſme les
Iuſtes, de l'aſſeurance d'auoir la Grace neceſſaire pour ſe conſeruer en la
Iuſtice: Cette doctrine ne laiſſe pas
d'eſtre en verité tres-ennemie de la
vraye Eſperance Chreſtienne, qui
nous rend ſi aſſeurez de la bonté de
Dieu, & de l'aſſiſtance de la Grace,
que nous ſommes certains de pouuoir nous ſauuer, nous conſeruant
en la Iuſtice quand vne fois nous
l'aurons receuë.

*51. Serions nous pas plus aſſeurés, ſi
noſtre ſalut ne dependoit que de nous,
ou que de Dieu ſeul?*

Non. Car d'vn coſté, eſtant aſſeurez de la Grace de la part de Dieu,
non ſeulement auec elle noſtre ſalut
ne dépend pas moins de nous, & par
conſequent nous n'en ſommes pas
moins aſſeurez, que s'il dépendoit
ſeulement de nous; mais de plus, pouuant tirer de la Grace des forces plus
grãdes que nous n'en aurions de nous
meſmes, parce que les forces de la

Grace peuuent toufiours croiftre, &
non pas les noftres eftãt feules & fans
la Grace, nous en pouuõs efperer plus
d'effect. Et de l'autre cofté, fi noftre
falut dépendoit de Dieu feul, pofé
qu'il ne donnaft pas la grace à tout
le monde, fçachans d'ailleurs que
le nombre des reprouuez eft fans
comparaifon plus grand que des
Predeftinez, nous en ferions bien
moins affeurez; n'ayant point de fu-
jet de croire que nous fuffions du
nombre de ceux aufquels il voudroit donner la Grace, pluftoft que
des abandonnez aufquels il ne la
voudroit pas donner.

*52. Cette mefme doctrine contraire à
celle qui a efté enfeignée cy-deffus,
n'engage-elle pas les hommes dans la
negligence de leur falut?*

Tout à fait, fans doute. Car eftant
vray, comme il eft, que ie ne puis
rien faire de bien, ny éuiter aucun
peché fans la Grace; s'il eft vray de
plus, comme cette doctrine l'en-
feigne, que quand i'ay la Grace elle
me fait faire neceffairement tout ce

qu'elle peut, & pourquoy elle m'est
donnée; n'ay-ie pas raison de dire.
Pourquoy me mettray- je en peine
inutilement? Si ie n'ay pas la Grace,
ie ne puis rien faire: Quand ie l'au-
ray,ie ne manqueray pas de faire tout
ce que ie pourray; elle me le fera bien
faire par necessité.

*53. Ne vous peut-on pas dire. Fai-
tes comme si la Grace estoit presente?*

Cat.de la Gr. ch. 5. nu. 43.

Non certes. Car ie ne le puis si
elle n'est pas presente, autrement ie
pourrois le faire sans elle, & par consequent elle ne me seroit pas necessaire. C'est de mesme que qui diroit à
vn pauure dans sa necessité, en luy re-
fusant du pain : Mon amy, mangez
comme si vous auiez du pain.

*54. Ne vous peut-on pas dire au
moins. Marchez entre la Paresse,
& l'Orgueil. Priez pour auoir la
Grace?*

Cat.de la Gra-ce ch. 5. nu. 43.

Aussi peu. Car ie ne sçaurois sans
la Grace vaincre ny la Paresse par
aucune bonne action, ny l'Orgueil
par l'Humilité ; mais seulement cô-

battre vn vice par vn autre, ce qui ne peut eftre vne difpofition à la Grace. Il n'eft pas non plus en mon pouuoir de prier pour auoir la Grace, fi la Grace ne me preuient, & ne me donne le pouuoir de prier. Et donc tous ces beaux aduertiffemens ne font que des Illufions, & il eft neceffaire, ou que ie neglige mon falut, fi la grace me manque, ou que ie le faffe, fans deuoir craindre d'y manquer, fi i'ay la Grace.

55. *Faudroit-il donc, fi cette doctrine eftoit vne fois receuë, omettre d'exhorter les hommes à bien faire, & à fuir le peché?*

Autant vaudroit. Car hors la connoiffance de ce qui eft de leur deuoir, que les Predications pourroient apporter aux ignorans; Quel effect pourroit-on pretendre de les exhorter à le faire? finon de leur faire dire. Addreffez-vous à Dieu afin qu'il nous donne fa grace, & nous ferons ce que vous defirez; autrement c'eft peine perduë à vous de nous exhorter, à ce que nous ne fçaurions faire, auffi bien qu'elle seroit inutile si nous auions la Grace, puisque nous ne pourrions manquer de le faire auec elle. Ainsi les Exhortations seroient sans effect tant à l'esgard de ceux qui auroient la Grace, que de ceux qui ne l'auroient pas. Et c'est illusion de dire qu'il faudroit neātmoins exhorter tout le monde, parce que nous ne discernons pas ceux à qui Dieu donne sa Grace par Misericorde, de ceux ausquels il la refuse par Iustice; puisque quand nous les discernerions, il seroit également inutile d'exhorter les vns comme les autres.

56. Mais ne pourroit-il pas arriuer que Dieu ioignant la Grace interieure à l'Exhortation exterieure, elle seroit vtile à quelqu'vn?

Il pourroit arriuer. Mais cela n'empescheroit pas que tous ceux qui ne profiteroient pas des exhortations, par le manquement de la Grace interieure, n'eussent vne excuse aussi valable pour ce defaut, que pour tous leurs autres pechez, qu'ils ne commettroient pas, s'ils auoient la grace pour les éuiter. *57.*

57. *Est-il donc vray que ce seroit vne bonne excuse à vn homme, qui n'auroit pas fait ce qui luy auroit esté commandé, de n'auoir pas eu la Grace necessaire pour le faire?*

Ouy, sans doute, posé la necessité absoluë de la Grace. Et c'est à tort que l'on fait Sainct Paul autheur du contraire, quand aprés auoir dit, que Dieu fait misericorde à qui il luy plaist, & endurcit qui il luy plaist, il s'obiecte comme de la part des meschans. Dequoy donc se plaint-il? Car qui peut resister à sa volonté. C'est en effect vne obiection des meschans, laquelle Sainct Paul n'approuue pas. Aussi est-elle mal fondée, en ce que, ils supposent ces impies, que Dieu endurcit qui il luy plaist, & sans ses merites precedens, & par vn refus absolu de toute Grace, mesme suffisante, procedant d'vne volonté resoluë de le perdre : Ce qui n'est pas. L'endurcissement est vne peine des pechez precedens, & il n'exclud pas entierement la Grace suffisante, mais seulement l'efficace. Que si par vn iu-

Car. de la Grace nu. 46.

gement extraordinaire de Dieu, quelqu'vn estoit tout à fait sans Grace dés cette vie pour iamais, cét estat seroit vn estat de damnation anticipée, qui rendroit cét abandonné, quand à l'impuissance d'obeïr aux Commandemens de Dieu, de mesme condition que les Demons.

Cat. de la Grace ch. 5. nu. 46.

58. Mais si cette excuse estoit iuste, ne s'ensuiuroit-il pas que ceux qui sont deliurez du peché, ne le seroient pas par vne pure Grace, comme la Foy nous l'asseure, mais par la iustice de cette excuse?

Nullement. Certes il n'y a aucune apparence de raison en cette consequence, sinon supposé que ceux qui sont deliurez du peché, peussent se seruir de cette excuse à l'esgard des pechez dont ils sont deliurez, ce qui n'est point, à l'égard ny du peché originel dont ils sont coupables par la faute du premier homme, ny de leurs propres pechez actuels, car la Grace necessaire pour ne les pas commettre, n'a manqué ny au premier homme, ny à eux quand ils ont peché.

59. *Cette doctrine de la Grace com-*
battuë iusques icy, ne peut-elle pas
neantmoins eſtre vtilement enseignée
au peuple?

Nullement. Car à quoy ſeroit-elle
vtile? A nous humilier? A nous faire trauailler à noſtre ſalut auec crainte & tremblement? A nous faire deſ-
fier de nos propres forces, & nous
confier ſeulement en Dieu? Enfin à
nous faire cognoiſtre les grandes
obligations que nous luy auons de
nous auoir appellez à la Foy & à la
Grace, nous donnant des moyens de
ſalut, que tout le monde n'a pas? Il
n'y a que de l'illuſion à ces preten-
duës vtilitez. La vraye Humilité, & la
vraye défiãce de nos propres forces,
ne ſe fóde point ſur le méſonge, mais
ſur la verité, qui eſt, qu'en effect ie
ne puis rien de moy-meſme, & que
tout mon pouuoir vient de la Grace
de Dieu. Le vray motif de trauailler
à noſtre ſalut auec crainte & tremblement; c'eſt que la Grace nous en
donnant le pouuoir, nous nous ren-
drons criminels d'en auoir abuſé li-

brement, si nous n'y trauaillons. La
solide confiance en Dieu est fondée
sur la ferme croyance que sa bonté
ne nous manquera iamais, si nous luy
sommes fideles, & qu'elle nous donnera le pouuoir de l'estre. Enfin
c'est mal recognoistre les obligations que nous auons à Dieu, que de
n'en recognoistre qu'vne partie en
mescognoissant l'autre, & vouloir
engager dans vne pareille mesco-
gnoissance vne infinité de personnes.
C'est à quoy cette doctrine nous porte, en ce qu'elle nous enseigne à
croire que nous ne luy auons obliga-
tion que des Graces dont nous auons
fait bon vsage, adioustant au mespris
que nous auons fait des autres, le des-
adueu de les auoir receuës, pour en
éuiter le iuste blasme; & faisant ce
tort à la bonté à laquelle nous nous
confessons specialement obligez des
moyens de salut qu'elle n'a pas donnez à tout le monde, de croire qu'elle en a abandonné tant d'autres dans
la necessité de se perdre, nonobstant
mille protestations du contraire, dont

les Escritures Sainctes sont pleines. Cette Recognoissance ne luy est-elle pas iniurieuse, & pire sans comparaison que celle du Pharisien de l'Euangile?

CHAPITRE VI.

DV PECHE' ORIGINEL.

60. QV'est-ce que le Peché Originel? C'est le Peché du premier Homme, qui passe dans tous ses enfans, (auec la Concupiscence, la necessité de mourir, & tous les autres maux qu'ils souffrét au corps & en l'ame;) estant fait propre à vn chacun d'eux par la priuation de la Grace originelle, qu'ils deuoient auoir sans sa desobeissance. *Conc. de Tré-te sess. 5.*

61. *Comment est-ce que ce Peché passe du premier homme dans sa posterité?*

Ie l'ay desia dit, par la priuation de la Grace originelle qu'ils deuoient

E iij.

auoir, laquelle toutesfois Dieu (fans doute) leur pourroit donner mifericordieufement, comme il la refufe iuftement entant qu'ils font enfans d'vn Pere, & membres d'vn Chef criminel. De mefme qu'il pourroit par fa Toute-puiffance d'vn mauuais arbre produire de bons fruicts, & faire couler des ruiffeaux purs d'vne fource corrompuë.

62. *Ce Peché eft-il volontaire?*

Il a efté volontaire dans le premier homme, qui l'a commis tres-librement, parce qu'il pouuoit ne le pas commettre, aiant Grace pour obeïr à la deffence que Dieu luy auoit faite: Et comme nous eftions tous contenus en luy comme en noftre Chef, nous auons tous peché en luy; & en naiffant de luy, nous contractons neceffairement ce qu'il a commis tres-librement.

63. *Ce Peché eft-il la Concupifcence mefme?*

Non, Puifque, comme dit le Concile de Trente; tout ce qui eft vrayement & proprement peché eftan osté par la Grace du Baptesme, la Concupiscence demeure : laquelle n'est appellée peché par Sainct Paul (dit le mesme Concile) que parce qu'elle a pris son origine du peché, & de plus, nous encline au peché.

64. *Pourquoy Dieu nous laisse-il la Concupiscence ?*

C'est pour nous laisser matiere de Combat, & en suite de Victoire & de Couronne.

65. *Quels sont les effects de la Concupiscence ?*

Ce sont les mouuemens déreglez qui nous portent à la iouyssance des creatures, & par là nous destournent du Createur.

66. *Ces mouuemens sont-ils Pechez ?*

Ils ne sont pas pechez si nous n'y consentons, parce qu'ils ne sont pas libres ; & lors que nous y resistons, ce sont des suiets de merite.

67. *Est-il permis d'aimer quelque creature pour elle-mesme ? C'est à dire, sans un rapport expres de cet*

amour & de la creature aimée, au
Createur?

N'y l'authorité de l'Eglise, ny le commun accord des Theologiens Catholiques, n'ayãt pas decidé cette question, nous deuons laisser le choix à vn chacun, pour prendre tel sentiment qn'il iugera plus veritable, pourueu qu'il demeure pour constant que l'amour de la creature doit estre reglé & moderé en sorte, qu'il cede tousiours à celuy de Dieu, & ne soit iamais cause que nous nous destournions de luy par aucune desobeïssance à sa volonté.

68. *Quoy? Aimer vne creature pour elle-mesme, n'est-ce pas euidemment la mettre en la place du Createur, la faisant nostre derniere fin & nostre beatitude?*

Nullement. Car Dieu demeure en sa place au dessus de la creature dans le cœur, & la creature demeure en sa place au dessous de Dieu; & n'est pas consideree comme la derniere fin & la beatitude de l'homme, tandis que l'amour de la creature cede à celuy de Dieu ; & qu'on la quitte pour luy en toute occasion de concurren-ce, & iamais luy pour elle, ce qui n'arriue qu'en luy desobeïssant pour l'amour de la creature. C'est cependant, sans doute, agir bien plus parfaittement de n'aimer aucune creature que pour Dieu ; mais on peut dire probablement que cette perfection n'est que de conseil, & non pas de commandement. Quoy qu'il en soit, il seroit neantmoins bien à desirer qu'elle fut prattiquée de tout le monde ; Dieu le merite bien. C'est le bon-heur du Paradis.

69. *Quelles sont les peines de la Concupiscence?*

La Concupiscence est accompagnée en nous de l'ignorance, & ordinairement de l'erreur: Elle est suiuie de la difficulté de faire le bien, & enfin de la mort. Qui ne sont pas toutefois, à vray dire, peines de la Concupiscence, mais plustost du Peché, duquel elle-mesme est la principale peine.

70. *L'ignorance de ce qu'on n'a pû*

ſçauoir nous excuſe-elle de peché?

Ouy. Ce qui eſt vray auſſi bien de l'ignorance du droict diuin, & des obligations de la nature (ſi elles peuuent eſtre ignorées de cette ſorte d'ignorance qu'on appelle inuincible ou ineuitable) que de toute autre ignorance. La raiſon generale eſt, que ce qui ſe fait par cette ignorance inuincible n'eſt nullement libre, & partant ne peut eſtre peché. Et il n'importe que cette ignorance ſoit vne peine du peché , car elle n'en oſte pas moins la liberté de l'action, & par conſequent n'empeſche pas moins le peché , comme il paroiſt aux premiers mouuemens de la volonté cauſés par la Concupiſcence, qui parce qu'ils ne ſont pas libres, ne ſont pas des pechez , quoy que la Concupiſcence qui en eſt cauſe ſoit vne peine du peché.

71. *Si l'homme n'eut point peché ne ſeroit-il point mort?*

Non. Car la mort, dit Sainct Paul, n'eſt entrée dans le monde que par le peché, & partant à preſent la mort

est vne peine. Il n'est pas moins vray
pourtant, que l'homme innocent
n'estoit immortel que par vne faueur
de Dieu, laquelle absolument il eut
pû ne luy pas faire, ains le laisser
mourir. Et il y a grande apparence
que les Papes Pie V. & Gregoire
X I I I. l'ont ainsi iugé, condamnant
entre les propositions de Baius celle-
cy, qui est la 78. *L'immortalité du
premier homme n'estoit pas vn bien-
fait de Grace, mais vne condition naturelle.* Il est vray qu'alors la mort
arriuant simplement à l'homme par
vne deffaillance de sa nature de soy
mortelle, n'eut point esté vne peine,
mais vn degagement de l'ame sortant
du corps, pour passer à vn estat d'vne
plus grande liberté.

72. *Que seroit donc deuenu l'homme
s'il n'eut point peché?*

La Prouidence de Dieu luy auoit
pourueu d'vn fruict de vie, qui l'auroit preserué de la mort, & apres plusieurs années d'vne heureuse vie, il
n'eut pas esté dépoüillé de son corps,
mais il eut esté reuestu de l'immortalité glorieuse.

Chapitre VII.

DE LA

PREDESTINATION.

73. **Q**V'est-ce que la Predestination?

C'est la preparation des graces par lesquelles Dieu deliure infailliblement ceux qu'il luy plaist de la perdition eternelle, où ils estoient engagez, au moins par la cheute du premier homme, pour les faire paruenir à la vie eternelle. C'est vne disposition eternelle & libre dans l'Idée & volonté de Dieu, des choses qu'il fait dans le temps en faueur de ses esleus, pour les conduire certainement à la gloire. C'est vn dessein que Dieu a de toute eternité de donner des moyens efficaces à quelques-vns pour la gloire eternelle.

74. *Dieu a-il predestiné auant qu'auoir preueu les merites?*

Il faut vser icy de distinction pour

ne point faillir. Car la diuine Predeſtination dans toute l'eſtenduë
qu'on luy peut donner, comprenant
la volonté efficace & determinée de
donner aux eſleus, & les graces pour
paruenir infailliblement à la gloire,
& la gloire meſme : De plus, entre
les graces y en ayant neceſſairement
vne premiere, qui ne ſe peut meriter ; de laquelle dependent toutes les
autres qui font la precieuſe chaiſne
des effects de la Predeſtination ter-
minée par la Gloire : Il faut dire
pour reſponce à la queſtion propo-
ſée, que la Predeſtination à l'égard
de cette premiere Grace qui eſt ſon
premier effect, precede les merites
preueus, & cecy eſt de la Foy : mais
à l'égard de toutes les autres graces
ſuiuantes, il eſt tres-probable qu'elle ſuit la preuoyance du merite de
congruité du bon vſage que fera le
Predeſtiné de cette premiere, &
en ſuitte des vnes à l'égard des autres ſelon l'ordre qu'elles luy feront
données ; & pareillement qu'à l'é-
gard de la Gloire, elle ſuit la pre-

uoyance du merite de condignité
des bonnes œuures qu'il fera en l'e-
stat de Iustice.   Mais dautant que
sur cela , la Foy nous laissant encore dans la liberté d'en iuger ainsi,
ou autrement; les Theologiens Catholiques sont de differentes opi-
nions; Il leur faut laisser ce debat
duquel tout le monde n'est pas capable.

75. *Paruient-on pas à la Gloire par
les merites?*

Oüy, & cela est de la Foy, à raison dequoy les Catholiques qui
estiment que la Predestination à la
Gloire precede la preuoyance de
merites , sont reduits neantmoins
dire, qu'elle ne s'accomplit que par
les merites.

76. *La Predestination n'est donc pas
purement gratuite , puis qu'elle ne
s'accomplit que par les merites?*

Sans doute il est difficile d'acco-
der la Predestinatiō à la Gloire pre-
cedente la preuision des merites,
auec ce que la Foy nous enseigne
que la Gloire est donnée pour n

compenſe des merites, ce qui s'entend bien mieux en preſuppoſant
qu'elle ſuit la preuoyance des merites. Mais retenons ce que la Foy
nous enſeigne, & laiſſons les doctes
diſputer ce poinct entre-eux, qui
ne deuroit point ſortir de l'eſ-
chole.

77. *Eſt-ce ſeulement pour les Predeſtinez que* IESVS-CHRIST
eſt mort?

Non. Il eſt mort pour tous les
hommes, ſans exception d'aucun.
C'a toûjours eſté la croyance de
l'Egliſe Catholique, l'ayant receuë des Apoſtres. De ſorte que
chacun eſt obligé de le croire ainſi
de ſoy-meſme en particulier.

78. *Tous reçoiuent-ils le fruict de
ſa mort?*

Nenny. Ce qu'on recognoiſt ma-
ifeſtement aux enfans qui ne par-
uennent pas à la grace du Bapteſ-
me, qui eſt le ſeul fruict qu'ils ſont
capables d'en receuoir. Il eſt pourtant mort pour eux, & leur a pro-
curé par ſa Mort ce remede en in-

tention qu'il leur feruift, mais ou la faute ou l'ignorance des parents, ou les accidents de la nature qui fur-uiennent, & empefchent qu'il ne leur foit appliqué, les priue de l'ef-fect de fa bonne volonté. Quant aux perfonnes qui paffent de l'enfance à l'vfage de raifon, & deuiennent ca-pables de contribuer par eux-mef-mes, moyennant fa grace, à leur falut. C'eft au moins temerité, d'af-feurer fermement qu'ils ne reçoi-uent point du tout de fruicts de fa mort. Il ne s'en faut prendre qu'au mauuais vfage qu'ils en font, s'ils n'en reçoiuent pas dauantage, & iufques à la Gloire mefme.

79. *Dieu ne veut-il fauuer que fes Efleus?*

Il veut fauuer tous les hommes, fans exception d'aucun. Et c'eft conformément à cette volonté ge-neralle qu'il leur a donné fon Fils pour Sauueur, & que ceFils eft mort pour le falut de tous. L'Eglife Ca-tholique l'a toûjours tenu ainfi, en-feignée pareillement touchant ces deux poincts par les Apoſtres. & le contraire doit eſtre pris pour erreur.

80. *Les Reprouuez reſiſtent donc à la volonté de Dieu! or qui le peut? Ne fait-il pas tout ce qu'il veut?*

Oüy, les Reprouuez reſiſtent à la volonté de Dieu. L'Eſcriture Sainĉte n'eſt-elle pas pleine des reproches qu'il leur en fait? Il y a deux ſortes de volontez de Dieu touchant noſtre ſalut: L'vne de deſir & d'Intention ſincere de nous donner la Gloire, mais à condition que nous la meritions par la cooperation à ſes graces, qu'il nous deſtine en vertu de cette intention: L'autre de reſolution abſoluë & de Sentence, preſuppoſé le bon vſage de ſes graces & nos merites preueus. Peut, qui veut, reſiſter à la premiere volonté, & les Reprouuez le font. Perſonne ne peut reſiſter à la ſeconde, & celle-cy n'eſt que pour les Predeſtinez.

81. *Dieu a-il tout de meſme deux volontez, à l'ègard de la damnation des Reprouuez?*

Nenny. Car d'Intention & de de-
fir, il ne veut la damnation de perfonne; mais feulement de la volouté
de Sentence & de condemnation, en
veuë de leurs crimes; & à cette volonté perfonne ne peut refifter.

F I N.